Martin Behaim aus Nürnberg

Der geistige Entdecker Amerika's

Alexander Ziegler

Alpha Editions

This edition published in 2022

ISBN : 9789356894082

Design and Setting By
Alpha Editions
www.alphaedis.com
Email - info@alphaedis.com

Martin Behaim aus Nürnberg.
Der geistige Entdecker Amerika's

By Alexander Ziegler

Martin Behaim wurde in Nürnberg um 1459 geboren. Derselbe stammte aus dem altadeligen Geschlechte der Herren Behaim von Schwarzbach, die in Böhmen, in dem Kreise Pilsen, an einem Wasser, die Schwarze genannt, – daher der Name Schwarzbach, – wohnten. Im neunten Jahrhundert wandten sie sich um der Religion willen aus Böhmen nach Nürnberg, daher der Zuname Behaim, Böheim, öfter auch *Bohemus* und *Martinus de Boemia.* Martin Behaim lernte anfänglich die Kaufmannschaft und trieb daneben unter der Leitung des berühmten Johann Regiomontanus (Müller aus Königsberg in Franken), der sich in den Jahren 1471 bis 1475 in Nürnberg aufgehalten und dort die Verfertigung mathematischer Instrumente auf eine hohe Stufe erhoben hatte, mathematische und in der Folge auch nautische Wissenschaften. Hierauf machte Behaim in Handelsgeschäften große Reisen nach Venedig, wo schon um die Mitte des vierzehnten Jahrhunderts seine Vorfahren Albrecht und Fritz Behaim lebhaft am Spezereihandel betheiligt waren, den sie hauptsächlich aus Böhmen verführten. Ebenso kam er auch nach Mecheln und Antwerpen in den Niederlanden, von wo er im Jahre 1479 oder 1480 nach Lissabon und mit dem Strome niederländischer Auswanderer nach den Azoren gerathen ist. Behaim trat unter König Johann II. in portugiesische Dienste, machte mehre Entdeckungsreisen zwischen den Wendekreisen, entdeckte mit Diego Cano die Küsten von Congo (1484, 1485 und 1486) und gründete Niederlassungen auf den, wenn nicht schon früher, im Mittelalter von den Arabern und Normannen besuchten und in der Mitte des vierzehnten Jahrhunderts von den Italienern aufgefundenen, im Jahre 1432 bis 1449 von den Portugiesen entdeckten Azoren. Hier heirathete er (1486) Johanna, die Tochter des erblichen Statthalters oder Lehnträgers Ritter Jobst Hurter von Moerkirchen auf den Inseln Fayal und Pico und hat aus der erstgenannten Insel mehre Jahre zugebracht, um die Ansiedelung auf derselben zu befördern. Im Jahre 1491 reiste Behaim nach seiner Vaterstadt Nürnberg, verfertigte daselbst seine berühmte Weltkugel und kehrte im Jahre 1493 nach Portugal und Fayal zurück. Später machte er, wie er in einem Briefe aus Brabant vom 11. März 1494 an seinen Vetter, den Senator Michael

Behaim in Nürnberg, berichtet, in vertrautem Auftrage des Königs Johann II. noch einige Reisen, auf welchen er ein Mal das Unglück hatte von den Engländern und ein ander Mal von den Seeräubern gefangen zu werden. Auch besuchte er noch ein Mal sein geliebtes Fayal und starb im Jahre 1506 in Lissabon mit Hinterlassung eines im Jahre 1489 geborenen Sohnes. Wenn nun auch der Nürnberger Patricier seit seiner Fahrt mit Diego Cano selbst nichts über sich und den Schauplatz der Entdeckungen berichtet und die wichtigen Jahre von 1493 resp. 1494 bis zu seinem Tode in Dunkelheit bleiben, so ist doch aus mancherlei glaubwürdigen und verbürgten Nachrichten und Thatsachen auf eine Theilnahme Behaim's an den Entdeckungsreisen jener Periode zu schließen. Wir werden im Folgenden auf diese Thatsachen näher eingehen, vorher jedoch eine historiographische Ehrenrettung des in neuerer Zeit wiederum mehrfach an seinem Ruhme angegriffenen großen Kosmographen Martin Behaim im Lessing'schen Sinne zu geben versuchen.

Ebenso weit entfernt davon, die großen Verdienste des Columbus schmälern, als davon, die Verdienste unseres deutschen Landsmannes Behaim, Zeitgenossen von Columbus, dessen Ruhm zu schmälern er nimmer beabsichtigt hat, überschätzen zu wollen, können wir doch auch weder unserer Ueberzeugung, noch unserem Patriotismus so große Selbstverleugnung auferlegen, uns der Meinung Derjenigen unterzuordnen, welche Behaim als einen mittelmäßigen Kosmographen und ungeübten Astronomen darzustellen und so die Grundbedingungen seines Rufes und Ruhmes, wenn auch nicht zu zerstören, doch zu erschüttern, sich die wenig dankenswerthe Mühe gegeben haben. Diese Versuche gründen sich vorzüglich auf dessen berühmte Weltkugel, welche die geographischen Ansichten des fünfzehnten Jahrhunderts nach Ptolomäus, Marco Polo und Mandeville veranschaulicht und auf die Aussagen eines Geschichtsschreibers der Azoren aus dem siebenzehnten Jahrhundert, Namens Cordeyro. In Bezug auf erstere sagt man, und wohl auch nicht ganz mit Unrecht, daß Behaim bei seinen Breitenangaben um 12 bis 15° irrte, die Fehler seiner Breitenbestimmungen bei der Prinzessin-Insel begönnen und sich zuletzt auf mehr als 16° steigerten, daß sein Island auch fälschlich innerhalb des arktischen Kreises sich nach dem hohen Norden erstrecke und was dergleichen Behauptungen mehr sind. In Bezug auf Cordeyro, den einzigen Schriftsteller, welcher Nachrichten über Behaims letzte Schicksale enthalte, führt man an: daß dieser einige von dessen unerquicklichen astrologischen Prophezeiungen mittheile[1] und aussage, daß Behaim auf den Azoren den unheimlichen Ruf eines Meisters der astrologischen Trugkünste hinterlassen habe. Mag dem sein, wie ihm wolle, alle diese und andere Angaben können den Ruf Behaims als Kosmograph nicht verringern; denn sie beweisen nur, daß der Standpunkt der damaligen geographischen Wissenschaften im Allgemeinen ein ungenügender gewesen ist. Es genüge hier, nur darauf hinzuweisen, daß viele der alten berühmten Weltkarten jener Zeit, z. B. die Karte der Militärbibliothek zu Weimar aus dem Jahre 1424, die von Andreas Bianco 1436, des Genuesen Beclario oder Bedrazio aus dem Jahre 1436, die Hafenkarten der beiden Benincasa 1463 bis 1473, des Bartholomäus, Bruder des Entdeckers von Amerika, aus dem Jahre 1488, des Juan de la Cosa, Reisegefährten von Columbus, des Ruysch in der römischen Ausgabe des Ptolomäus vom Jahre 1508, des Purdy u. s. w., nicht nur viele Irrthümer und falsche Breitenangaben, sondern öfters, z. B. die Karten des in der St. Marcusbibliothek aufbewahrten Atlas des Andreas Bianco u. s. w., gar keine Gradeintheilung haben. Man beeilte sich damals im Allgemeinen, auf den Karten alles Dasjenige zu verzeichnen, was man über den Fortschritt der neuesten Entdeckungen, gleichviel ob wahr oder unwahr, zu erfahren vermochte und so kam es, daß trotz der Ergebnisse neuer Forschungen und trotz aller Erfahrungen und Kenntnisse unserer Tage falsche Hypothesen und Resultate, z. B. auf der Karte Amerika's von Ruysch und auf der sonst schätzenswerten Welttafel von Purdy, u. s. w. angegeben wurden. Wenn auch hier und da die Fehlergrenzen der spanischen und portugiesischen Piloten der damaligen Zeit bei Breitenangaben selten einen Breitengrad überschritten, so bestätigt wiederum das, was in dem Patent über die Unwissenheit der Piloten gesagt wird (*Navarr. tom. III. pag. 299*), vollständig Vespucci's Klagen über den Mangel nautischer Kenntnisse bei den damaligen Seefahrern (*Bandini p. 105*). Die von dem portugiesischen Schriftsteller Cordeyro in seiner *Historia insulana* über den Nürnberger Seefahrer gemachten Mittheilungen sind mit Vorsicht aufzunehmen, erstlich weil Cordeyro, wie alle Portugiesen seiner Zeit, neidisch auf den Ruhm des Fremden war und zweitens, weil er auch sonst keine besondere Urtheilsschärfe und Genauigkeit in seinen Ausdrücken an den Tag legt, wie dies aus einer Vergleichung mit den Privatdokumenten der Familie Behaim, von denen er freilich nicht die geringste Kenntniß hatte, hervorgeht. So behauptet er unter Anderem in seiner *Hist. ins. pag. 465*, daß Martin Behaim zwei Söhne gehabt, von denen der älteste Martin geheißen und noch jung gestorben sei; ferner, daß die Portugiesen unter Joa Vaz Cortereal schon 1464 einen Theil von Nord-Amerika, die später sogenannte *Terra de Bacalhao* entdeckt hätten, und beruft sich unter Hinweisung auf *Gaspar Fructuosa* auf eine königl. Schenkungsurkunde *d. d. Evora* 2. April 1464, in der aber keine Silbe davon steht, daß Vaz das Bacalhaoland besucht oder überhaupt etwas entdeckt habe. Der zweimalige längere Aufenthalt des Behaim auf den Azoren (von 1486 bis 1490 und 1494 bis 1506) liefert aber gerade einen wichtigen Grund gegen die angebliche Entdeckung eines Landes der Baccallaos (Neufundland); denn Behaim, der, als langjähriger Bewohner der Azoren, doch Kenntniß von diesem Westlande hätte haben müssen, kennt diese Entdeckung nicht und hat sie auch nicht auf seiner im Jahre 1492 angefertigten Weltkugel angegeben. Kunstmann[2] hat auch in der neuesten

Zeit schlagend nachgewiesen, daß die von Cordeyro erwähnte Entdeckung von Nord-Amerika weder in der angeführten Schenkungsurkunde von *Evora* noch in *Fructuosa*, aus dem doch Cordeyro geschöpft haben will, erwähnt werde. Historisch erwiesen ist nur, daß Gaspar Cortereal, der Sohn jenes Jao Vaz, im Jahre 1500 in Grönland und 1501 in Neufundland gewesen. Aus all dem Gesagten geht zur Genüge hervor, daß die gegen Martin Behaim angebrachten Verdächtigungen ohne allen Grund sind. Konnte es doch sogar einem Columbus geschehen, daß er die geographische Breite der von ihm im Jahre 1477 besuchten Insel Irland falsch bestimmte, indem er sagt, daß deren südlichste Gegend unter dem dreiundsiebzigsten Breitengrade (statt 63°) liege.

Martin Behaim, Schüler des Regiomontanus[3] und portugiesischer Kosmograph hat für einen der gelehrtesten Mathematiker und Astronomen seines Jahrhunderts gegolten. Durch die Anfertigung seines Globus – wohl eines der ersten und ältesten, welche überhaupt existiren, den von Bartolomé Colon 1488 vollendeten mit eingerechnet – hat er ein Meisterstück seiner Zeit geliefert und dadurch auf Globus- und Kompasverfertiger einen anregenden Einfluß geübt, was daraus zu entnehmen ist, daß diese in Nürnberg so zahlreich waren, daß sie seit 1510 zu einer besonderen Zunft zusammentraten.

Der König Johann II., für den er mehre Landkarten zeichnete, beehrte ihn fortdauernd mit seinem besondern Vertrauen. Von seiner neunzehn Monate dauernden afrikanischen Reise nach Lissabon zurückgekehrt, wurde Behaim i. J. 1485 zur Belohnung seiner Verdienste zu Albassauas (Alcobaca?) in der St. Salvadors-Kirche vom König öffentlich zum Ritter des Christusordens geschlagen, wobei ihm der Herzog Emanuel, nachheriger Thronfolger, den rechten Sporn, der König selbst den Degen umschnallte. Auch wurde er gemeinschaftlich mit den beiden Aerzten des Königs Johann II., *maestre Rodrigo* und *maestre Josef Judio*, zum Mitglied einer *Junta de Mathematicos* gemacht, welche beauftragt war, eine Methode anzugeben, nach der Sonnenhöhe zu schiffen[4], mithin an der Construction eines für den Gebrauch der Schifffahrt bestimmten *Astrolabiums* arbeitete. Als Beweis eines ganz besondern Vertrauens, das Behaim beim König genoß, müssen hier ferner die Worte angeführt werden, deren sich der König in einem Handschreiben bediente: „*Quia perspecta nobis jam diu integritas tua nos inducit ad credendum, quod ubi tu es, est persona nostra*“ u. s. f. (weil wir schon lange Deine Ehrenhaftigkeit erkannt haben, so fühlen wir uns zu glauben veranlaßt, daß wo Du bist, auch unsere Person ist.) Auch Kaiser Maximilian sagt von seinen Reisen, die sich auf 2300 Meilen nur zur See erstrecken: *Martino Bohemo nemo unus imperii civium magis unquam peregrinator fuit, magisque remotas adivit orbis regiones.* Zu den Hauptverdiensten Behaims gehört – abgesehen von seiner vermutheten Theilnahme an den amerikanischen Entdeckungsreisen, auf die wir sogleich zu sprechen kommen –, daß er an der glücklichen Erfindung, das Astrolabium bei der Schifffahrt zu gebrauchen, wesentlichen Antheil hatte. Auch darf man nicht vergessen, wie von Humboldt in seinen kritischen Untersuchungen *I., pag. 31*, bemerkt, daß Behaim, Columbus, Vespucci, Gama und Magellan Zeitgenossen von Regiomontanus, Paolo Toscanelli, Roderigo Faleiro und anderen berühmten Astronomen waren, welche ihre tieferen Einsichten den Schifffahrern und Geographen ihrer Zeit mittheilten.

Die neueren Untersuchungen haben unwidersprechlich gelehrt, daß der weit im westlichen Ocean lebende berühmte Kosmograph Martin Behaim aus Nürnberg jedenfalls Columbus in seinem Plan, nach Westen zu segeln, bestärkt und wesentlich zur Ausführung des Planes von Columbus beigetragen hat, somit für die Entdeckung Amerika's von besonderem Nutzen gewesen ist. Die Gründe für diese Behauptungen stützen sich – abgesehen von naheliegenden Vermuthungen – auf vier Thatsachen: I. auf die Aussagen der spanischen und portugiesischen Schriftsteller; II. auf das Buch der Chroniken von Hartmann Schedel in Nürnberg, das erst lateinisch, dann 1493 in deutscher Uebersetzung erschien; III. auf den i. J. 1492 von Martin Behaim angefertigten Globus, der sich noch gegenwärtig im Behaim'schen Hause am Aegidienplatze in Nürnberg befindet, und IV. auf die Behauptung des Ritters Pigafetta aus Vicenza, nach dem Magellan oder Magalhães eine Karte des Ritters Martin Behaim gesehen, auf welcher eine Meerenge nach der freien Südsee angegeben gewesen sei.

In Bezug auf Nr. I. ist zu bemerken, daß der spanische Schriftsteller *Antonio de Herrera* in seinen Decaden[5], deren Autorität so wenig in Zweifel gezogen werden darf, als die Handschrift des Pigafetta, sagt: Columbus sei in den Gründen, die ihn bestimmten, den Seeweg nach Ostindien gegen Westen aufzusuchen, durch seinen Freund, den Portugiesen *Martin de Bohemia* (natürlich Niemand anders als Martin Behaim, dessen Familie, wie oben bemerkt, aus Böhmen stammt) auf der Insel Fayal, einen großen Kosmographen, bestärkt worden. („*Y esta opionione le confirmo Martino de Bohemia, Portugues, su amigo, natural de la Isla de Fayal, gran cosmografo.*“) Diese Nachricht, jedenfalls die wichtigste und bestimmteste, die schon allein hinreichte, nicht nur Behaims nützlichen Einfluß auf die Ausführung des Planes von Columbus zu beweisen, sondern auch die innige Verbindung mit Letzterem, sowie seinen Ruf als eines großen Kosmographen zu bestätigen, wird mehr oder minder noch durch eine zweite Stelle des genannten Schriftstellers bestärkt, die aus dem italienischen Tagebuche des Pigafetta entlehnt, auch den Ausdruck: „*Martino de Boemia, uomo eccellentissimo*,“ jedoch ohne den Zusatz: geboren auf Fayal, enthält. Auch der spanische Schriftsteller *Garcilasso de la Vega* schreibt, daß ein berühmter Geograph Martin Behenira vornehmlich dem Colon Nachricht gegeben. Die vielbesprochene und im Interesse Behaims so oft angezogene Stelle im

Werke des Riccioli[6] (geb. 1598 zu Ferrara, gestorben 1671) heißt wörtlich: „*Christophorus Columbus ..... sive suopte ingenio ut erat vir Astronomiae Cosmographiae et Physicas, gnarus .. sive indicio habito a Martino Bohema .... aut, ut Hispani dictitant, ab Alphonso Sanchez de Helua nauclero ... cogitasset de navigatione in Indiam occidentalem*“ (Ch. Columbus hätte entweder aus eigener Einsicht als ein in der Sternkunde, Erdbeschreibung und Naturlehre erfahrener Mann oder zufolge der von Martin Behaim, oder nach der Spanier Vorgeben von einem Schiffer Namens Alfonso Sanchez erhaltenen Anzeige – Angabe – auf die Schifffahrt nach Westindien gedacht (gesonnen, sie für möglich gehalten). Diese Stelle, wie Wagenseil, Löher u. s. w. übersetzen zu wollen: „Columbus hätte niemals seine Reise nach Amerika unternommen, wenn Behaim ihm nicht den Weg gezeigt hätte“, ist jedenfalls, wie schon Tozen gezeigt, nicht statthaft, weil Riccioli selbst in Zweifel und Ungewißheit ist, was das *sive-sive-aut* besagt und weil „*indicio*“ nur mit „Wink“, „Fingerzeig“ oder mit „Andeutung“ „Anzeichen“ übersetzt werden kann. Diese Andeutungen, Anzeichen, können z. B. an den Azoren angeschwemmte Hölzer, Leichname u. s. w. gewesen sein, die auf ein westwärts gelegenes unbekanntes Land hindeuteten. Daß der Name Martin Behaims, wie von Murr behauptet, bei keinem einzigen portugiesischen Schriftsteller, außer im *Manoel Tellez de Sylva* in *De Rebus gestis Joannis II.* vorkomme, dürfte dahin zu berichtigen sein, daß, wie schon erwähnt, Cordeyro und auch Jose Bernardo Gama von ihm spricht. „Die portugiesischen Schriftsteller“, sagt Franz Löher in seiner vortrefflichen Geschichte der Deutschen in Amerika (Cincinnati und Leipzig 1847) erklären auf das bestimmteste, daß Columbus erst, nachdem Behaim schon dagewesen, und auf dessen Angaben hin Amerika aufgesucht habe. So sagt Gama:[7] „Martin Behaim sah Pernambuco und entdeckte Brasilien früher als Columbus und Vespuzzi.“ Die spanischen Schriftsteller[8] aber enthalten nirgends eine Stelle, welche diese Angaben ausdrücklich widerlegte; im Gegentheil bestätigen sie ohne Vorbehalt, daß sowohl Columbus als Magellan Freunde von Behaim gewesen, von demselben Karten und Nachrichten über das westliche Indien erhalten, und auf Grund derselben ihre Reisen dorthin unternommen hätten. Auch französische Gelehrte[9] haben nicht gezögert, Behaim als den Mann anzuerkennen, der den Weg nach Amerika bereitete und zuerst befuhr. „In der That, seine Größe würde auch dann emporragen in der Geschichte, wenn seine Augen auch niemals an Brasiliens Küste umhergeschweift hätten; er wäre dennoch der geistige Entdecker des neuen Welttheils gewesen.“ Auch die portugiesischen Schriftsteller, Pater Cordeyro[10], gestützt auf das Manuscript des Doktor Gaspar Fructuosa[11], Mendo Trigozo (1812) und Garcao-Stockler (1819) u. s. w. geben ausführliche Nachrichten von Behaim und lassen seinen Verdiensten Gerechtigkeit wiederfahren. In Betreff der Deutschen, welche Behaims Verdienste beleuchteten, schrieb Stüven in Frankfurt 1714 eine Abhandlung über den ersten Entdecker der Welt[12] und Otto in New-York richtete an Franklin eine Denkschrift (abgedruckt in den *Transactions of the American philosophical Society 1786 II. Nr. 35*) zum Erweise, daß Behaim der rechte Mann sei. Diese Behauptung des Deutsch-Amerikaners, daß Behaim Amerika entdeckt habe, suchte der Spanier Cladera[13] zu widerlegen. Auch Wagenseil[14] und Postel[15], Pigafetta, Jansen, Doppelmayr[16], Wurzelbaum[17], Lochner[18], Wülfer[19], Cellarius[20], Omeis[21], haben Martin Behaim die Entdeckung der neuen Welt zugeschrieben, und die Herren Chr. Gottl. Schwarz[22], Mörl[23], Bielefeld[24], Fürer[25], Will, Peter van der Aa[26] u. A. sagen in der Hauptsache Nichts Anderes. Die Amerikaner Robertson[27], Washington Irving[28] u. A. wollen dies freilich nicht anerkennen, ebenso als sie früher die (jetzt festgestellten) Entdeckungen der isländischen Nordmänner hartnäckig bestritten, und in Deutschland selbst sind bei Manchen z. B. Gebauer[29], Tozen[30], von Murr[31], Baur[32] u. A. die Zweifel noch nicht beseitigt. Wenn wir hier noch die Werke von Humboldt[33], Franz Löher[34], Ghillany[35], Oscar Peschel[36] und Fr. Kunstmann[37] anführen, so glauben wir, wenn auch nicht erschöpfend, doch ziemlich vollständig auf die Behaim-Literatur hingewiesen zu haben, und wollen nur noch bemerken, daß in dem Werke von Ghillany – das neueste bedeutendste Werk über Behaim – in sehr lichtvoller Weise dargethan wird, daß Behaim wesentlich zur Ausführung des Planes von Columbus beigetragen habe.

Wir kommen jetzt II. auf das Buch der Chroniken von Hartmann Schedel in Nürnberg, das erst lateinisch, dann 1493 in deutscher Uebersetzung erschien, somit die nächste Jahreszahl nach der Entdeckung Amerikas durch Columbus trägt.

Es heißt hier, daß König Johann II. von Portugal im Jahre 1483 *Jacob de Cano*, einen Portugiesen, und Martin Behaim, einen Deutschen aus Nürnberg, mit etlichen Galeeren gegen Aethiopien ausgeschickt hätte; daß sie in dem südlichen Meere nicht weit von der Küste geschiffet, und nachdem sie über die Linie gegangen, in die andere Welt gekommen wären, wo ihr Schatten, wenn sie gegen Morgen gestanden, mittagwärts und zur Rechten gefallen sei; daß sie solchergestalt eine neue und bisher unbekannte Welt, welche in vielen Jahren von keinem als den Genuesen, wiewohl vergeblich, gesucht worden, entdeckt und daß sie endlich nach einer 26monatlichen Schifffahrt zurückgekommen und zum Wahrzeichen Pfeffer und Paradieskörner mitgebracht hätten.

Wiewohl in dieser Stelle thatsächlich von einer anderen neuen Welt die Rede ist und man auch auf Grund dieser Urkunde versucht hat, dem Martin

Behaim die Ehre der Entdeckung von Amerika (Brasilien) zuzuschreiben, indem man angenommen hat, daß Behaim, wie später Cabral, durch die von Congo nach Westen führenden Strömungen nach Brasilien gelangt sei, und daß der Verfasser jener Stelle in der Nürnberger Chronik, wenn er schon von Columbus etwas gewußt, sicher dessen Namen genannt haben würde, um den Ruhm Behaim's gegen ihn herauszustellen, so scheint mir doch diese Urkunde aus folgenden Gründen von keinem sonderlichen Gewicht zu sein. Die angeführte Stelle ist nämlich dieselbe, welche in des *Aeneas Sylvius* Buch *de Europae sub Frederico III. Imperatore statu* aus diesem Chronikon eingerückt ist. Dieser *Aeneas Sylvius*, nachheriger Pabst Pius II. (gest. 1464), ist übrigens derselbe, der sich in seiner Weltbeschreibung (*Cosmographia*) auf *Nicolo Conti* beruft, dessen 25jährige Reisen (1424 bis 1449) in Indien bei *Poggio* (Paris 1723) erwähnt werden. Aber, auch abgesehen davon, so will der Verfasser offenbar nur andeuten, daß diese Seefahrer, nachdem sie über die Mittellinie gesegelt, auf die südliche Halbkugel der Erde gekommen wären; die Angabe, daß nach Passirung der Linie der Schatten, wenn man gegen Morgen stehe, mittagwärts und zur Rechten falle, wird wohl jeder richtig finden, der über die Linie hinausgekommen ist. Im Uebrigen ersehen wir aus diesem Buch der Chroniken, in das Behaim das Capitel *Portugalia* bei seiner in Nürnberg als Kosmograph gefeierten Anwesenheit vielleicht selbst eingetragen hat, daß er als Befehlshaber eines Fahrzeuges jene Entdeckungsreise mitgemacht habe, wenn er auch dieß selbst auf seiner Weltkugel niemals behauptet. Die betreffende Stelle heißt: „daß König Johann etlich galeren hinter die seulen Herkuls geschickt und denselben Schiffen zween patron gesetzt, nehmlich *Jacobum Canum* einen *Portugalier* und *Martin beheym* einen *teutschen von nürnberg*." Es ließe sich vielleicht nun aus dieser Stelle der Schluß ziehen, daß Behaim, da er Entdeckungsreisen nach Afrika und zwar als Befehlshaber gemacht, wahrscheinlich auch später mehren Entdeckungsreisen nach Westen beigewohnt hat.

Was III. den von Martin Behaim im Jahre 1492 zu Nürnberg angefertigten und daselbst noch aufbewahrten Globus betrifft, so haben manche Schriftsteller behaupten wollen, daß auf demselben bereits die Menge der westlichen Inseln und die östlichen Küsten von Süd-Amerika (die Flachlande von Brasilien, die Prajas von Pernambuco) erschienen, wohin Behaim viele Jahre früher, ehe Columbus sich zur Reise anschickte, von den Azoren aus gekommen sein soll. Man glaubte hieraus schließen zu können, daß Martin Behaim den Archipel der Azoren oder Antillen entdeckt, dem Columbus nicht allein den Weg nach dem östlichen Asien, sondern selbst das Vorhandensein eines neuen Festlandes enthüllt und auf diesen Globus die Meerenge verzeichnet habe, welcher Magellan seinen Namen gegeben und die man mit größerem Rechte *Fretum Bohemicum* nennen zu können glaubte.

Bei näherer Betrachtung der höchst merkwürdigen Erdkugel findet sich von diesen geographischen Angaben keine Spur auf derselben, womit jedoch nicht gesagt sein soll, daß eine kühne Phantasie, abgesehen von der deutlich verzeichneten *Insula Antilia*, durch die Lage der über dem *circulus aequinoctialis* (Aequator) angegebenen Insel Brandan, der im Norden des *tropicus cancri* verzeichneten Insel (*Cathay, oceanus oriental. indic.*), so wie der südlicher gelegenen Insel Cipango, nicht im Stande wäre, an die West-Indischen Inseln oder an Süd-Amerika zu denken – wenn man sich dieselben theils noch als Inseln, theils als mit Ost-Indien zusammenhängend denkt. Nach dem geographischen System jenes Zeitalters, welches in Bezug auf das östliche Asien nebst den angrenzenden Theilen des Oceans fast einzig und allein auf die Erzählungen des Marco Polo, Balducci Pegoletti und Nicolas de Conti begründet war, glaubte man, daß unzählige Inseln, reich an Spezereien und Gold, in dem Meer von Cin, d. h. in den Gewässern von Japan, China und dem großen Archipelagus Ostindiens belegen seien. Die Weltkarte des Martin Behaim zeigt nun von 45° nördl. bis 40° südl. Br. eine Kette von Inseln, die den Enden Asiens gegenüber liegen und ist mehrfach, wie wir früher bemerkt, abgebildet, unter Anderem auch im Jahre 1847 von dieser Erdkugel des Behaim ein Facsimile für die Pariser Akademie angefertigt worden.

Auf dem von Martin Behaim angefertigten Globus findet sich mitten im Ocean zwischen Europa und Asien eine *insula Antilia*, genannt *Septem ritade (citade)*, verzeichnet. Sie liegt westlich der Canaros, fern von den Azoren in 24° Br., also fast unter dem Wendekreise des Krebses. Ueber die „Länge" zu sprechen ist überflüssig, da diese von den verwirrten Begriffen abhängig ist, die man sich von der Entfernung zwischen Ouinsai und Cipango und den Küsten von Portugal bildet, man kann sich aber des Gedankens unwillkürlich nicht erwehren, daß diese „phantastische Wanderinsel" so ziemlich fast unter denselben Breitengraden wie die später als Antillen bezeichneten Inselgruppen gelegen ist, und zwar um so mehr, als auf der Karte von *Juan de la Cosa* aus dem Jahre 1500 die zu dieser Gruppe gehörigen Inseln Cuba, Espagnola auch noch nördlich des Wendekreises des Krebses liegen, auch Vespucci in seiner zweiten Reisebeschreibung (*Bandini pag. 44.*) Haiti *(Hispaniola) Isola d'Antiglia* nennt und, wie uns *Bartholomäus de las Casas* lehrt, vorzugsweise die Portugiesen den Namen Antillen auf *Hispaniola* anwendeten. Diese von Behaim verzeichnete Insel findet sich auch auf früheren Karten des vierzehnten Jahrhunderts, wenn auch nicht in dieser Lage, angegeben. Die älteste Angabe der Insel Antillia scheint nach von Humboldt's kritischen Untersuchungen die im venetianischen Atlas des *Andrea Bianco* (1436) zu sein, wo sie sich auf der fünften Karte des in der St. Markusbibliothek aufbewahrten Werkes findet. Wenn man, da die Karte keine Gradeintheilung hat, als Maßstab die Entfernung des Cap Vincent vom Cap Finisterre (5° 51') annimmt, so findet man als Abstand der Küsten von

Portugal bis zum Mittelpunkt der azorischen Insel des Bianco 153 Seemeilen (statt 247), dagegen als Abstand der Azoren von der Antillia 87 Seemeilen. Diese letztere Insel läge mithin 240 Seemeilen westlich von den Küsten von Portugal, d. h. unter 27° 55' w. L. von Paris (in dem Meridian der Insel San Miguel der Azoren) und zwischen 33° 20' und 38° 30' Br. Auch die auf der Militärbibliothek in Weimar aufbewahrte Seekarte aus dem Jahre 1425 (1424?), einige Jahre älter als die Karte des Bianco und offenbar italienischen Ursprungs, ist wegen des Namens Antillia bemerkenswerth. Sie stellt aber nur den nördlichen Theil der Insel Antillia, dagegen das ganze Rechteck der Satanshand dar. Der Abstand der Küste von Portugal vom Mittelpunkt der Gruppe der Azoren beträgt 110 Seemeilen, während die Karte vom Jahre 1436, wie oben bemerkt, deren 153 gibt. Auf der zu Parma sich befindenden Welttafel von Beclario oder Bedrazio, einem Genuesen aus dem Jahre 1436, erblickt man auch die rechtwinkeligen Inseln Antillia und Sarastagio (Hand des Satans). Die Hafenkarten des Gracioso Benincasa von Ancona und seines Sohnes Andrea (1463 bis 1473) wurden auch häufig wegen des Namens der Insel Antillia angeführt, der sich auf ihnen finden soll; aber es scheint, daß man eine weit jüngere von Blaze Vouloudet im Jahre 1586 angefertigte Karte, auf der man westlich von Irland ein Land Scorafixa oder *Scoeafixa* (Bacallaos?) erblickt, für eine Arbeit des Andrea Benincasa gehalten hat.

Auf den Karten des *Juan de la Cosa* und *Ribero* findet sich keine Spur von dem Namen der Antillen, auch auf der zu Parma aufbewahrten Weltkarte des Picigano (1367) kommt die Bezeichnung Antillia nicht, wohl aber, wie auf Behaim's Globus, die *Insula de Brazie (Brazir, Brazil)* vor. Die Insel des heiligen Brandan, die Behaim's Globus ebenfalls angibt, nennt Andrea Bianco so wenig wie die Glückseligen Inseln. Auch ist bemerkenswerth, daß weder Columbus, noch Gomara, Oviedo oder Acosta, noch die Karten von Amerika und die Welttafeln, welche seit dem Jahre 1508 den Ausgaben des Ptolamais beigefügt werden, des Namens Antillia gedenken. Die erste Spur dieses Gebrauches des Namens findet von Humboldt in den *Oceanis* des *Peter Martyr d'Anghiera* (*Dec. lib. I. pag. II.* beendigt im Novbr. 1493). Hier findet man die geographische Benennung der Antillen in der Mehrzahl. Aber noch mehr; das einzige Mal, wo man in den Briefen des *Amerigo Vespucci (c. 1500)* den Namen Columbus findet, steht er in Verbindung mit dem Namen Antillia, obgleich Columbus nie die Gesammtmasse der von ihm entdeckten Inseln von Inseln unter eine gemeinschaftliche Benennung zusammenstellt. Uebrigens ist es mit dem Namen der Antilleninseln gegangen wie mit dem von Amerika. Der erstere wurde im Jahr 1493 von Anghiera vorgeschlagen, der letztere von Ylacomylus, und bei beiden war mehr als ein Jahrhundert erforderlich, ehe der Gebrauch allgemein verbreitet war.

Martin Behaim schreibt bei der Insel Antillia Folgendes: „Als man zählt nach Christi Geburt 734 Jahre, als ganz Hispania von den Heiden aus Afrika genommen war[38], da wurde bewohnt die oben beschriebene *insula Antilia*, genannt *Septem ritade*, von einem Erzbischof von *Porto Portigal* mit sechs anderen Bischöfen, die zu Schiffe von Hispania dahin geflohen kamen mit ihrem Vieh, Hab' und Gut. *Anno* 1414 ist ein Schiff aus Hispania ungefähr am nächsten dabei gewesen." Diese Angabe der Insel Antillia ist ein Beweis, daß allerdings Martin Behaim, wenn er auch nicht selbst auf dieser Insel gewesen, doch Nachrichten, Kenntnisse, Anzeichen (*indicia*) von einem im Westen liegenden Lande gehabt haben muß. Diese können ihm durch Schiffer (und die Angabe unter 1414 weist darauf hin), durch Schiffbrüchige oder durch an die Ufer der Azoren angeschwemmte Gegenstände geworden sein, z. B. durch Fichtenstämme an den Küsten von Graciosa und Fayal, durch Leichname unbekannter Menschenracen an der Insel Flores, durch Stücke künstlich aber ohne eiserne Werkzeuge geschnitzten Holzes an der Insel Porto Santo und selbst durch Canots, die mit Häuten bedeckt und mit Menschen von einem gänzlich unbekannten Stamm besetzt gewesen, von welchen Gegenständen auch die Zeitgenossen des Columbus (s. *Vida del Almirante, cap. 8 pag. 6*) mit der kleinlichsten Genauigkeit reden und die auch von Columbus als Zeichen von Land im Westen betrachtet wurden. Sein Sohn Fernando sagt in der That: „Die Bewohner (*moradores*) erzählten meinem Vater, daß während die Winde vom Westen wehten ..." aber der Admiral konnte diese Nachricht in irgend einem Hafen Portugals oder Spaniens erhalten, da wir, wie v. Humboldt bemerkt, mit Bestimmtheit aus der Handschrift der *Historia de las Indias* von *Las Casas* wissen, daß Columbus in Spanien im Kloster von Rabida die Reise des Pedro Velasco aus Palos kennen lernte, welcher von Fayal abgereist, nach einer Schifffahrt gegen Westen bis zu einer Entfernung von 150 Lieues (wonach er bis jenseits des östlichen Punktes des großen Tangstreifens gelangt sein müßte) die Insel Flores entdeckte. Auch ist es bei den großen astronomischen Kenntnissen Behaims wahrscheinlich, daß derselbe überzeugt gewesen sein muß, daß westlich von den Azoren noch andere Küsten anzutreffen seien, denn sonst hätte er wohl nicht den König von Portugal veranlaßt,[39] ehe noch Columbus seine Absichten erreicht, Expeditionen auszuschicken, um die Antillen zu entdecken, die freilich zurückkehrten, ohne ihren Zweck erreicht zu haben. Und dann, sollten nicht die Westwinde und insbesondere der aus dem Golf von Mexiko kommende, an der Ostküste von Nordamerika sich hinziehende und in der Richtung nach den Azoren laufende, südöstliche Auslauf des Golfstromes dem auf der über ein Drittheil des Weges nach Amerika in den Atlantischen Ocean hineingeschobenen Insel Fayal lebenden großen Seefahrer und Kosmographen die Lage des westlich gelegenen Landes verrathen haben?

So gewiß die Möglichkeit nicht gänzlich geleugnet werden kann, daß durch die Gewalt der Winde, die häufig mächtiger ist als die der Strömungen, phönizische und karthaginensische Schiffe, die für den Handel mit Zinn und Bernstein verwendet wurden, auf ihrem Wege durch den *Sinus Oestrymnicus* verschlagen und an die Küste der Azoren geworfen wurden, daß ferner die Araber und die Normanen die azorischen Inseln besucht haben und daß sie von der Küste Siciliens und Tunis punische und cyrenäische Münzen mit sich haben führen können – so gewiß ist auch nicht zu leugnen, daß Columbus, zwischen dem und Behaim höchst wahrscheinlich Beziehungen stattgefunden haben, obgleich sie durch nichts unmittelbar nachgewiesen werden können, früher einmal zu Fayal gelandet sein könne und daß Behaim, der geraume Zeit daselbst gelebt, alle Anzeichen und Erfahrungen von westlich liegenden Ländern gesammelt habe. Auch wollen wir hier die Vermuthungen der portugiesischen Seefahrer anführen, welche vor und nach 1484 – das Jahr, in welchem Colon Portugal verläßt – die Gewässer außerhalb der Azoren besucht hatten. Hierher gehört 1) die Reise eines gewissen Diego de Tiene (Teyve?) zur Aufsuchung der *Antillia*, dem als Pilot der obengenannte Pedro de Velasco diente, derselbe Seemann, welcher dem Admiral Don Colon im Kloster La Rabida bei Palos von dieser Reise erzählte; 2) die Reise des Ferdinand Dulmo (d'Ulmo, aus Ulm?), eines Capitäns der Terceira und Joh. Affonso, eines Pflanzers von Madeira, die eine Gesellschaft mit einem deutschen Ritter gebildet hatten, um eine große Insel oder das Festland im atlantischen Westen zu entdecken, wobei man voraussetzte, daß die *Ilha da sete cidades* (Insel der sieben Städte) und das Festland nicht unter 40 Tagen erreicht werden möchten. *E quanto ao Cavaleiro aleman*, heißt es in der Urkunde vom 24. Juli 1486 pag. 66, *que em companhia delles ha de hir, que elle aleman escolha dir em qualquer caravella que quizer.* „Der deutsche Ritter, bemerkt Peschel in seinem vortrefflichen Buche S. 617, ist höchstwahrscheinlich Martin Behaim, obgleich es viele Deutsche damals in Portugal gab. Ueber die Erfolge dieser Reise sind wir bis jetzt nicht unterrichtet." 3) Die nach portugiesischen Quellen i. J. 1464 gemachte, aber durch nichts bewiesene, oben erwähnte Entdeckung eines Theiles von Nord-Amerika, die später sog. *Terra do Bacalhao*, durch den portugiesischen Seefahrer Joa Vaz Cortereal. Dazu gesellten sich noch die Vermuthungen von Land und Inseln, welche die Bewohner von Madeira, von den Canarien und auf den Azoren, jedes Jahr im fernen Westen auftauchen zu sehen glaubten, und die Aussagen dieser und jener Steuerleute, die versicherten, bei ihren Ueberfahrten nach Irland im Westen Land gesehen zu haben, welches sie für einen Theil der Tartarei u. s. w. ausgaben. So vorbereitet waren die Gemüther auf große Dinge worden und das 16. Jahrhundert hätte sicherlich auch ohne Colon's Plan schon frühzeitig gefunden, da der Gedanke durchaus nicht mehr neu war, daß man bei der unbestrittenen Annahme der Erde als kugelförmiger Körper recht wohl den Ostrand Asiens durch eine atlantische

Ueberfahrt erreichen könnte. Hiermit soll aber der Ruhm des Genuesers, dessen Verdienst in der absichtsvollen Entdeckung neuer Seewege besteht, und dessen That die große Begebenheit um einen kostbaren Zeitraum beschleunigte, durchaus nicht herabgesetzt, zu gleicher Zeit aber auch das Verdienst seiner Zeitgenossen nicht unterschätzt werden, welche zur Lösung der Aufgabe mit beigetragen und Columbus in seinem Plan, nach Westen zu segeln, mit angeregt und bestärkt haben. Und wer wäre hierzu geeigneter gewesen, als sein Freund, der berühmte Seefahrer Martin Behaim, der auf der (wie schon bemerkt) über ein Drittheil des Weges nach Amerika weit im Ocean liegenden Insel Fayal – dem Thule der gebildeten Welt – schon mit Einem Fuße in der Neuen Welt stand?

Die Azoren, von den Portugiesen seit 1432–1449 nach und nach entdeckt und in portugiesischen Urkunden schon 1447 erwähnt, waren überdieß von thätigen und unternehmenden Seeleuten bewohnt, die mit Irland, Island u. s. w. in Verbindung standen und von denen schon im Allgemeinen erwartet werden konnte, daß sie befähigt und durch die natürlichen Verhältnisse angeregt waren, die Fahrten gegen Westen fortzusetzen. Auch soll nach einer alten, sich immer wiederholenden Sage, die der Geschichtsschreiber der Azoren, Fructuosa bei Cordeyro und *Historia del Reyno de Portugal por Manuel de Faria y Sousa* umständlich erwähnt, die aber Martin Behaim, Barros u. s. w. nicht kannten, auf Corvo ein Steinbild (ein Mann zu Roß, der mit der ausgestreckten Rechten gegen Nordwesten deutete) von den Entdeckern gefunden worden sein, durch welches Columbus nach einer neidischen Ueberlieferung eine Offenbarung von der Neuen Welt empfangen haben soll; jedoch scheint diese angebliche Reiterstatue – wenn nicht etwa ein vulkanisches Vorgebirge aus Basalt, Trachyt und emphibolischem Porphyr in Form eines Reiters gleich des Hestmann in Finnmarken oder ein Warnungssignal vor oceanischen Fahrten – wie die Bildsäulen des Hercules einem und demselben Cyklus systematischer Träumereien auf dem Gebiete der Geographie anzugehören. Im Uebrigen verbürgt sich der gelehrte Geschichtsschreiber Damião de Goes (*Chron. do Princ. D. Joam. Lisboa 1790 cap. IX. p. 119.*) für die Thatsache, daß einige Fragmente dieses Steinbildes nach Lissabon gekommen sind und setzt hinzu, daß die unleserlichen Buchstaben der Inschrift, von der 1529 ein Wachsabdruck genommen wurde, von Normannen herrühren könnten, also Runnen gewesen sein möchten. Auffallend bleibt es nur, daß Behaim, der, wie bemerkt, geraume Zeit auf den Azoren gelebt, nichts von diesem Steinbilde weiß.

Endlich liegt die Vermuthung nahe, daß ein solcher Seefahrer wie Martin Behaim in den besten Jahren, dem aber, so wie Columbus, nicht nur die von den Scandinaviern gemachten Weinlandsfahrten nach Nord-Amerika, sondern auch die von Seneca, Plato, Aristoteles, Eratosthenes, Diodor von Sicilien u. s. w. gegebenen dunkeln Andeutungen über einen unbekannten, im atlantischen Ocean liegenden Kontinent bekannt gewesen sein müssen, nicht nur alle darauf bezüglichen Zeichen und Angaben eingesammelt hat, sondern vielleicht auch selbst, wie wir eben bei der Reise des Ferdinand Dulmo angedeutet, nach der von ihm in 24° Breite verlegten Insel Antillia gesegelt ist. Diese Annahme einer westlichen Reise des Behaim, die von den Azoren nach der Zwischenstation der Bermudas und Bahamas und von hier nach den Antillen leicht und in kurzer Zeit (Columbus segelte auf seiner zweiten Reise von Cadix nach den Antillischen Inseln kaum sechs Wochen) auszuführen war, gewinnt dadurch an Wahrscheinlichkeit, daß Martin Behaim durch *Regiomontans* verbessertes Astrolabium die Schiffer bekanntlich in den Stand gesetzt hat, mittelst dieses Instrumentes nach der Sonnenhöhe die Entfernungen zu bestimmen und sich auf offener See zurecht zu finden.

Zum Schluß unserer Abhandlung kommen wir endlich IV. auf den Einfluß, welchen Martin Behaim auf die Entdeckung der Patagonischen Meerenge ausgeübt hat. Zwei Werke, deren Autorität, wie bemerkt, nicht in Zweifel gezogen werden darf, die Dekaden des Herrera und die in der Ambrosianischen Bibliothek zu Mailand aufbewahrte und im Jahre 1800 von Amoretti bekannt gemachte Handschrift des Pigafetta lassen auf gleiche Weise diesen Einfluß erkennen. Nach Herrera (*Dec. II, lib. II, cap.* 20 und 21; *lib. IV., cap. 10, Tom. I, pag. 193, 195, 338*) zeigte Magellan am spanischen Hofe zu Valladolid dem Bischof von Burgos eine gemalte Erdkugel (*globo bien pintado*), auf welcher er den Weg verzeichnet hatte, den er zu nehmen gedachte, indem er die Meerenge absichtlich weiß ließ, damit man ihm sein Geheimniß nicht entwenden konnte. ... Er fügte hinzu, daß er um so gewisser wäre, eine Meerenge anzutreffen, als er sie gesehen hätte (ohne Angabe des Ortes) auf einer von Martin de Bohemia, einem von der Insel Fayal gebürtigen Portugiesen (?) und Kosmographen von großem Rufe angefertigten Seekarte, und daß diese Karte ihm viel Licht (*mucha luz*) über jene Meerenge verschafft habe. Pigafetta, einer der achtzehn Reisegefährten des Magellan, welche das Glück hatten, am 6. September 1522 Europa wiederzusehen, sagt: „Am 21. Octbr. 1520 fanden wir eine Meerenge .... aber unser Anführer hatte Kunde (Magellan war nämlich die Küste jenseits des Vorgebirges St. Maria zur Mündung des Rio de Solis d. h. Rio de la Plata gefahren), daß er durch eine sonderbar verborgene Meerenge hindurchsteuern müsse, welche er aus einer in den Archiven (*tesoreria*) des Königs von Portugal (im Schatz des Königs Emanuel im Kloster von Alcobaca?) aufbewahrten und von einem ausgezeichneten Kosmographen Martino de Boemia angefertigten Seekarte gesehen habe."

So lautet Herrera's und Pigafetta's Bericht über den Einfluß Behaim's auf die Entdeckung der Patagonischen Meerenge, der nicht abgestritten werden kann. Mag man sagen, daß Magellan fälschlich dem berühmten Nürnberger

Kosmographen die besagte Karte zugeschrieben, daß öffentliche Urkunden, in welchen nur die auf Kosten der spanischen Regierung unternommenen Seefahrten verzeichnet sind, uns keine absolute Gewißheit geben, daß zu einer gewissen Epoche die Entdeckungen nur bis zu dieser oder jener Grenze und nicht weiter ausgedehnt worden seien, mag man ferner sagen, daß wahre oder falsche Nachrichten durch Beimengung von Muthmaßungen und Combinationen entstellt, daß die ungenauen Kenntnisse von der Gestaltung des Neuen Kontinents nach seiner Südspitze hin sich vor 1517 auf den alten Seekarten abgespiegelt haben werden, daß Magellan eine dieser Karten in den Archiven des Königs von Portugal gesehen habe, daß Magellan, wie das Tagebuch des Pigafetta andeutet, von dem Dasein einer Durchfahrt jenseit des Rio de la Plata überzeugt war, daß aber die in den Archiven gesehene Karte des Behaim mit einer australischen Meerenge, die Lage dieser Durchfahrt keineswegs angebe und jedenfalls (?) dem Trugbilde der Schoner'schen Erdkugel, auf welcher das angegebene Süd-Amerika oder Brasilien nur eine höchst fehlerhafte Copie einer alten Weltkarte des Ruysch zum Ptolemäus sei, gleiche, daß Magellan bereits mitten in der nach ihm benannten Straße liegend, noch bezweifelt, ob es eine Meerenge oder ein trügerischer Golf sei, mag man dies Alles und noch viel mehr sagen, so können doch die oben angeführten, von gleichzeitigen Schriftstellern entlehnten thatsächlichen Zeugnisse nicht bezweifelt werden, welche klar und deutlich beweisen, erstlich, daß Magellan auf einer Karte in Portugal die besagte Meerenge verzeichnet gesehen hatte, welche er im Süden der Mündung des Rio de la Plata suchte, und zweitens, daß er diese Karte dem zehn Jahre vorher verstorbenen Behaim zuschreibt. Aus dem i. J. 1492 verfertigten Globus Behaim's findet sich allerdings keine Spur einer Küste Brasiliens und ebensowenig eine Meerenge. – Wenn man nun auch vielleicht sagen könnte, daß Behaim auf seinen, an der südafrikanischen Küste gemachten Reisen, auf welchen er selbst bis zum 22° südl. Br. den Weg um Afrika angebahnt und den er auch auf seinem Globus vollständig angezeigt, obgleich ihn erst 1498 Vasco de Gama völlig zurückgelegt hat, wie früher die kompaßlosen Scandinavier von Island nach Grönland und Vinland, oder wie Cabral 1500 nach Brasilien getrieben worden sei, so ist doch mit Gewißheit anzunehmen, daß Martin Behaim vor dem Jahre 1494 nicht nach Brasilien und also auch nicht an die Magellanstraße gekommen ist. Daraus aber den Schluß ziehen zu wollen, daß Behaim die Anregung zur Entdeckung der Magellanstraße nicht hätte geben können, ist falsch, weil Behaim einerseits bei seinem langjährigen Aufenthalt auf Fayal (bis 1506) überhaupt viele wahre oder muthmaßliche Angaben über die Gestaltung der Ostküste von Süd-Amerika dort einzusammeln im Stande gewesen ist und andererseits auch erst nach dem Jahre 1492, wo er seinen Globus verfertigte, wenn er auch nicht selbst an den Entdeckungsreisen jener Periode theilgenommen, doch sehr wohl Kenntniß von dieser Meerenge erhalten hat, um auch eine Karte darüber anfertigen zu können, die Magellan gesehen.

Die von uns näher beleuchteten Aussagen der spanischen und portugiesischen Schriftsteller, das Buch der Chroniken von Hartmann Schedel, der von Behaim im Jahre 1492 zu Nürnberg verfertigte Globus und die gewichtigen Zeugnisse Herrera's und Pigafetta's beweisen unwidersprechlich, daß Martin Behaim aus Nürnberg ein berühmter außerordentlicher Mann gewesen ist, der jedenfalls Columbus in seinem Plan, nach Westen zu segeln, bestärkt und wesentlich zur Ausführung des Planes von Columbus beigetragen hat. Somit ist Behaim für die Entdeckung Amerika's von wesentlichem Nutzen und Einfluß gewesen und der deutschen Wissenschaft kommt die Ehre zu, jenen berühmten Seefahrern: Columbus, Vespucci, Vasco de Gama, Magellan u. s. w. die Möglichkeit an die Hand gegeben zu haben, sich weiter in den Ocean hinaus zu wagen. In dieser Beziehung haben, wie ich schon früher bemerkt[40], neben den Italienern, Spaniern, Portugiesen, Engländern und Franzosen auch die Deutschen infolge der natürlichen hohen Begabung des germanischen Geistes Theil an der Ehre, auf die Entdeckung und Entwickelung Amerika's eben so bedeutend als wohlthätig eingewirkt zu haben.

Fußnoten

1.

Cordeyro Histor. Insulana *lib. IX. cap. 8 fol. 494.* Man findet in dieser Stelle und in F. Gaspar Fructuosa allerdings Nachrichten über die geographischen und astronomischen Kenntnisse Behaims, die aber so groß gewesen sein sollen, daß seine Freunde und im Allgemeinen alle Einwohner ihn mit einer abergläubischen Ehrfurcht betrachteten; so gewiß waren seine Bestimmungen und seine Vorhersagungen.

2.

Die Entdeckung Amerika's mit einem Atlas bisher ungedruckter Karten. München 1859.

3.

Auch *Barros, Maris Dialogos,* der Verfasser der ***Historia insulana*** und Andere sagen ausdrücklich, daß Behaim sich rühmte, in Regiomontans Schule gelernt zu haben.

4.

Barros. Asia, *Dec. 1–4, cap. 2.*

5.

Herrera, *dec. I, lib. I, cap. 2* und *dec. II, lib. 2, cap. 19.*

6.

Riccioli, Geographia rectific. *lib. III, cap. 22, pag. 93.*

7.

Jose Bernardo F. Gama. Memorias historias de Provincia de Pernambuco I, 19.

8.

Gomara, Histor. general. de las Indias, cap. 19 in Barcia Histor. primit. de las Indas Occidentales. Madrid 1749.

9.

Archives literaires de l'Europe VI, *265–375, 352–362.*

10.

Historia insulana.

11.

Saudades da Terra.

12.

Joh. Fr. Stuvens. Dissertatio de vero Novi Orbis inventore.

13.

Investigationes historicas sobre los principales descubrimientos de los Españoles en el mar Oceano del signo XV y principios del XVI. Madrid 1794.

14.

Wagenseil Synops. Hist. Universal. Wagenseilii Sacra parentalia B. Georgio Frid. Behaimo dicata.

15.

Schon Postel sagt in seiner im Jahre 1561 erschienenen *Cosmographia pag. 22*: *Ad 54 grad* (südl. Breite) ***ubi est Martini Bohemi fretum a Magaglianesis alias nuncupatum.***

16.

Histor. Nachr. von Nürnberger Mathematikern und Künstlern, Nürnberg 1780, Fol., worin auch Behaims Erdkugel abgebildet und S. 27 bis 31 eine Beschreibung von Behaims Leben gegeben ist.

17.

Uranies Noricae Basis astronomico geographica 1697 fol. In epistola dedicatoria.

18.

D. Mich. Friedr. Lochner. Comment. de Ananasa sive nuce pinea indica etc. Norimb. 1716.

19.

Jo. Wülfer in Disquisitione de majoribus Oceani Insulis.

20.

Christoph Cellarius in Hist. Univers.

21.

Magnus Daniel Omesius de claris quibusdam Norimbergensibus.

22.

Diss. de columnis Herculis. Altdorfii 1794. *4. ∫. ult.* Papowitsch hat in seinen Untersuchungen vom Meere (Nürnb. 1750) S. 31 auch diesen Paragraph erläutert.

23.

Dom. Joh. Siegism. Mörlii orat. inaug. de meritis Norimbergensium in Geographiam. Sie steht im ***Museo Norico*** *p. 125. Altd. 1759.*

24.

De Bieléfeld Progrés des Allemands dans les Sciences etc. Chap. 3 des Inventions et des Decouverts des Allemands. Amsterdam 1752. *13. pag. 72–76.*

25.

Joh. Sigism. Fureri oratio de Martino Behaimo im ***Museo Norico*** S. 385–400.

26.

Im Nürnberger Gelehrten Lexikon *I. pag. 35* und in den Münzbelustigungen.

27.

Robertson History of the Discov. and Settlem. of Americ. *New-York 1829.*

28.

Washington Irving Life and Voyages of Christ. Columbus. *New-York 1831, II.* Appendix 267–270.

29.

Gebauer, Portugiesische Geschichte.

30.

Der erste Entdecker der neuen Welt, Christoph Colon, gegen die ungegründeten Ansprüche, welche Amerikus Vespucci und Martin Behaim auf diese Ehre machen, von E. Tozen. Göttingen 1761.

31.

Diplomatische Geschichte Behaims von v. Murr. Nürnb. 1778 (aus dem 6. Theil seines Journals zur Kunstgeschichte besonders abgedruckt); zweite verbesserte Auflage Gotha 1801. Die erste Ausgabe ist von J. Jansen in's Französische übersetzt. Die zweite kam mit der französischen Uebersetzung von *Pigafetta's* italienischer Schifffahrtsbeschreibung *Magellans* zu Paris 1801 ein. Die dritte ist vom Verf. selbst zu Straßburg und Paris 1802 herausgegeben. Mit Abbildungen der Erdkugel Behaims.

32.

Allgem. Encyclopädie der Wissenschaften und Künste von J. G. Ersch und J. G. Gruber. Leipzig 1822. s. Behaim.

33.

Kritische Untersuchungen über die historische Entwickelung der geographischen Kenntnisse in der neuen Welt von Alexander v. Humboldt, aus dem Französischen übersetzt von Dr. J. L. Ideler. Berlin 1836. 3. Bd.

34.

Geschichte und Zustände der Deutschen in Amerika von Franz Löher, Cincinnati und Leipzig. 1847 S. 3–8. Nach dem Verf. sah Martin Behaim Amerika auf einer seiner südwestlichen Entdeckungsreisen im J. 1483, zehn Jahre früher, ehe Columbus sich zur Reise anschickte.

35.

Geschichte des Seefahrers Ritter Martin Behaim von Dr. F. W. Ghillany. Eingeleitet durch eine Abhandlung über die ältesten Karten des neuen Continents und den Namen von Amerika von Alexander v. Humboldt. Nürnberg 1853. Mit einer genauen Abbildung des Behaim'schen Globus vom Jahr 1492.

36.

Geschichte des Zeitalters der Entdeckungen von Oskar Peschel. Stuttgart und Augsburg 1858, Cotta. Dieses Werk gereicht der deutschen Wissenschaft zur Ehre und gehört ohne Frage zu den bedeutendsten wissenschaftlichen Arbeiten unseres Jahrzehends. Die Entdeckungen der Portugiesen sind meisterhaft und mit großem Scharfsinn zusammengestellt; s. Behaim S. 28, 38, 76, 80, 82, 88, 89, 90, 92, 101, 126, 127, 129, 131, 616–620 u. s. w.

37.

Die von der Münchner Akademie veranstaltete Ausgabe alter unbekannter Karten aus der Zeit der Entdeckung besorgten Fr. Kunstmann und G. M. Thomas, und der erstere hat uns einen Commentar und eine vortreffliche Arbeit über die Entdeckung

Amerika's geliefert. (Die Entdeckung Amerika's in einem Atlas bisher ungedruckter Karten. München 1859.)

38.

Behaim setzt die Auswanderung „des Erzbischofs von *Porto Portigal*" nach der Insel *Antilia* oder *Septen citade*, die Insel der sieben Städte genannt, in das Jahr 734, während Columbus das Jahr 814 – die Epoche der Schlacht angiebt, welche Musa an den Ufern des Guadalete gewann.

39.

Herrera, cap. VII. und *Gaspar Fructuosa* in seiner ***Historia insulana***.

40.

Geograph. Mitth. von Petermann. 1858. Heft X.

9 789356 89408

Printed at Repro India Ltd.